Die Quelle der Gelassenheit

benno

Nimm dir Zeit

Nimm dir Zeit zu arbeiten,
das ist der Preis des Erfolges.
Nimm dir Zeit zu denken,
das ist die Quelle der Macht.
Nimm dir Zeit zu spielen,
das ist das Geheimnis ewiger Jugend.
Nimm dir Zeit zu lesen,
das ist die Grundlage der Weisheit.
Nimm dir Zeit zu träumen,
das bewegt dein Gefährt zu den Sternen.
Nimm dir Zeit zu lieben und geliebt zu werden,
das ist das Vorrecht der Götter.
Nimm dir Zeit, dich umzusehen,
das Leben ist zu kurz, um selbstsüchtig zu sein.
Nimm dir Zeit zu lachen,
das ist die Musik der Seele.

Irischer Segenswunsch

Unser Glück

Unser Glück und Seelenfrieden
beruhen darauf,
dass wir tun,
was wir für richtig
und angemessen halten,
und nicht,
was andere sagen oder tun.

Mahatma Gandhi

Ich habe diese Karte gefunden in dem Buch

____

Haben Sie dieses Buch

- ☐ gekauft
- ☐ geschenkt bekommen?

Sind Sie auf das Buch aufmerksam geworden durch

- ☐ einen Prospekt
- ☐ eine Anzeige in ____________
- ☐ eine Buchbesprechung in ____________
- ☐ eine Empfehlung
- ☐ Ihren Buchhändler?

Wie hat Ihnen das Buch gefallen?

- ☐ sehr gut
- ☐ mittelmäßig
- ☐ gar nicht

Ich habe das Buch in folgender Buchhandlung erworben:

____

____

____

Folgende Themen interessieren mich besonders:

- ☐ christliche Geschenkbücher
- ☐ christliche Kalender
- ☐ Bücher zu Spiritualität & Gebet
- ☐ Kirche aktuell

Name	Vorname
Straße, Hausnummer	PLZ, Ort
Telefon mit Vorwahl	e-mail

*D*ie Natur

Die Natur ist die große Ruhe gegenüber unserer Beweglichkeit. Darum wird sie der Mensch immer mehr lieben, je feiner und beweglicher er werden wird. Sie gibt ihm die großen Züge, die weiten Perspektiven und zugleich das Bild einer bei aller unermüdlichen Entwicklung erhabenen Gelassenheit.

Christian Morgenstern

Ein glückliches Leben

Vergiss nicht:
Man benötigt nur wenig,
um ein glückliches Leben
zu führen!

Marc Aurel

Alles Glück

Seelenruhe,
Heiterkeit und Zufriedenheit
sind die Grundlagen allen Glücks,
aller Gesundheit
und des langen Lebens.

Christoph Wilhelm Hufeland

Ruhe und Gelassenheit

Die Gabe der Ruhe
und Gelassenheit
ist besonders notwendig.
Mit ihr lassen sich
alle Übel in Freude
übertragen.

Johannes XXIII.

An jedem Tag

Nimm dir nicht zuviel vor.
Es genügt die friedliche,
ruhige Suche
nach dem Guten an jedem Tag,
zu jeder Stunde,
und zwar ohne Übertreibung
und ohne Ungeduld.

Johannes XXIII.

Gelassenheit

Stets achtete ich die Gelassenheit für eines der höchsten Güter, welche der Mensch auf dieser Erde erringen kann; aber die Gelassenheit unter allen Umständen, die Gelassenheit jedem Wesen und Dinge gegenüber, die Gelassenheit in jeder Lage, sei sie bequem oder unbequem, drohend oder lächelnd, gut oder böse.

20 21

Wilhelm Raabe

Weisheit

Herr, gib mir die Kraft,
zu ändern, was ich ändern kann,
die Demut,
anzunehmen, was sich nicht ändern lässt,
und die Weisheit,
zwischen beidem zu unterscheiden!

Friedrich Oetinger

Hoffnung

Wenn ich wüsste,
dass morgen die Welt untergeht,
würde ich heute noch
ein Apfelbäumchen pflanzen.

Martin Luther

Herr, lehre mich die Kunst der kleinen Schritte

Ich bitte nicht um Wunder und Visionen, Herr, sondern um die Kraft für den Alltag. Lass mich immer wieder herausfinden aus dem täglichen Trott, aus dem ermüdenden Einerlei und Vielerlei, aus Angst und Langeweile. Zu mir selbst möchte ich finden. Hilf mir dazu!

Bewahre mich vor der kindischen Angst, ich könnte das Leben versäumen und »leben«, ohne das Leben zu erleben. – Es kommt ja nicht darauf an, dass ich erfolgreich, sondern dass ich gesegnet bin.

Gib mir nicht, was ich wünsche, sondern was ich brauche. Das weißt du allein. Lass mich erkennen, dass Träume nicht weiterhelfen, weder über die Vergangenheit noch über die Zukunft.

Hilf mir, das Nächste so gut wie möglich zu tun und die jetzige Stunde als die wichtigste zu erkennen.

Bewahre mich vor dem naiven Glauben, es müsste im Leben alles glatt gehen. Schenke mir die nüchterne Erkenntnis, dass Schwierigkeiten, Niederlagen, Rückschläge eine selbstverständliche Zugabe zum Leben sind, wodurch wir wachsen und reifen, um unser Leben zu meistern.

Schenke mir eine Portion Misstrauen gegen mich selbst; keiner kann die Hand für sich ins Feuer legen. Erinnere mich in kritischen Minuten daran, dass das Herz oft gegen den Verstand streikt.

Ich möchte mich nicht beeinflussen lassen vom Gerede der Leute, alles sehen und vieles übersehen. Gib mir die Kraft dazu.

Halte mich fest, wenn ich versucht bin, bitter oder verbittert zu werden. Schicke mir im rechten Augenblick jemand, der den Mut hat, die Wahrheit in Liebe zu sagen. Gib mir die tägliche Wachsamkeit für Leib und Seele, eine Geste deiner Barmherzigkeit, ein gutes Wort, ein freundliches Echo und wenigstens hin und wieder das Erlebnis, dass man noch gebraucht wird.

Ich weiß, dass sich viele Probleme dadurch lösen, dass man etwas tut.

Gib, dass ich warten kann. Ich möchte dich immer aussprechen lassen. Das Wichtigste im Leben sagt man nicht sich selbst, es wird einem gesagt.

Du weißt, wie sehr wir der Freundschaft bedürfen. Gib, dass ich diesem schönsten, schwierigsten, riskantesten und zartesten Geschäft des Lebens gewachsen bin. Ich möchte trösten, aber bewahre mich vor der Gefahr, dass ich andere nur vertröste. – Ich möchte das nötige Stehvermögen haben, um Haltlosen Kraft zu bieten.

Antoine de Saint-Exupéry

BIBLIOGRAFISCHE INFORMATION DER DEUTSCHEN BIBLIOTHEK

Die Deutsche Bibliothek verzeichnet diese Publikation
in der Deutschen Nationalbibliografie;
detaillierte bibliografische Daten sind im Internet
über http://dnb.ddb.de abrufbar.

QUELLENVERZEICHNIS
S. 26–29: Antoine de Saint-Exupéry: Die Stadt in der Wüste

FOTONACHWEIS
S. 7, 25: Waltraud Klammet, Ohlstadt
S. 13: Lothar Conrad, Bad Rappenau
S. 19: Peter Friebe, Germering
S. 21: Rauch-Color-Dia, Michelstadt
S. 23: Peter Santor, Karlsruhe

Wir haben uns bemüht, alle Inhaber von Text-
und Bildrechten in Erfahrung zu bringen.
Für zusätzliche Hinweise sind wir dankbar.

ISBN 3-7462-1997-3

Stammerstr. 11, 04159 Leipzig
www.st-benno.de
Zusammenstellung: Volker Bauch, Leipzig
Gestaltung: Ulrike Vetter, Leipzig
Gesamtherstellung: Arnold & Domnick, Leipzig